글쓴이 **최영희**

최영희 선생님은 시골에서 태어나, 귀신이랑 염소랑 외계인이랑 만날 뛰놀며 자랐어요.
커서는 어린이 책 작가가 됐고요. 《어린이와 문학》이란 잡지에서 이야기 잘 썼다고 칭찬받고, 제11회 푸른문학상도 받았어요.
『초희가 썼어』, 『똥통에 살으리랏다』, 『만날 보면서도 몰랐던 거울 이야기』를 썼고, 요즘은 그림책 쓰는 데 폭 빠져 있어요.
어린이들 이메일 받는 주소는 versdieu@hanmail.net이에요.

그린이 **유영주**

유영주 선생님은 대학에서 도예를 전공했고, 지금은 어린이들을 위한 그림을 그리고 있어요.
예쁜 초등학생 두 딸을 키우고 있는 엄마이고요. 어린이들이 이 책을 통해 책의 소중함과 즐거움을 알았으면 좋겠어요.
그린 책으로『음치 평숙이, 소리꾼 되다』, 『형처럼 될 거야』, 『신통방통 우리 명절』, 『백점만점 1학년』 등이 있어요.

조신선은 쌩쌩 달려가

초판 1쇄 발행 2013년 4월 19일　**5쇄 발행** 2023년 7월 15일

글 최영희　|　**그림** 유영주　|　**펴낸이** 박진영　|　**편집** 김윤정　|　**디자인** 새와나무　|　**마케팅** 이진경　|　**펴낸곳** 머스트비
등록 2012년 9월 6일 제406-2012-000154호　|　**주소** 경기도 파주시 심학산로 12 303호, 대한민국
전화 031-902-0091　|　**팩스** 031-902-0920　|　**이메일** mustb0091@naver.com

ISBN 978-89-98433-06-2　73810

이 도서의 국립중앙도서관 출판시도서목록(CIP)은 e-CIP홈페이지(http://www.nl.go.kr/ecip)와 국가자료공동목록시스템(http://www.nl.go.kr/kolisnet)에서 이용하실 수 있습니다.
(CIP제어번호: CIP2013001539)

　품명: 조신선은 쌩쌩 달려가　|　**제조자명**: 머스트비　|　**주소**: 경기도 파주시 심학산로 12 303호
연락처: 031-902-0091　|　**제조년월**: 2013년 4월　|　**제조국**: 대한민국　|　**사용연령**: 7세 이상
취급상 주의사항: 종이에 베이지 않도록 주의하세요. 책의 모서리가 날카로우니 던지거나 떨어뜨려 다치지 않도록 주의하세요.
KC마크는 이 제품이 공통안전기준에 적합하였음을 의미합니다.

조선시대 최고의 책장수

조신선은 쌩쌩 달려가

최영희 글 ★ 유영주 그림

머스트비

서쾌* 조신선이 뛰어가면 나도 따라 뒤따라가.
조신선 붉은 수염 바람에 나붓나붓, 허리춤엔 짚신이 달랑달랑.
"조신선, 오늘은 어디 가?"
"괭아, 명륜동 꼬마 도련님한테 간다."
"무슨 책 팔러 가?"
"천자문 가져간다. 꼬마 도련님이 벌써 서당 갈 나이가 됐다더라."
조신선은 쌩쌩 달려가.

* 서쾌는 조선시대 책장수를 이르는 말이에요.

언덕배기 타고 넘고, 담 모롱이 돌고 도니 수표교가 보여.
돌난간에 기대섰던 어린 선비, 조신선에게 알은체하네.
"조신선, 뭐 신나게 읽을 만한 책 좀 없나?
만날 과거 공부만 하려니 머리 아파 죽겠어."

"왜 없겠습니까요?"
조신선 소매를 뒤적이더니 책 한 권을 척 꺼내 들어.
"**전우치전**입니다요.
구름 타고 하늘 날며, 못된 놈들 혼내 주는 전우치 얘깁니다요."
"그래? 말만 들어도 흥이 나는군. 고맙네, 조신선."
젊은 선비 전우치전 받아 들고 싱글벙글 웃어.
책값 받아 소매에 던져 넣고 조신선은 또 달려가.

운종가 저잣거리 사람이 많기도 많아.

도자전 앞을 지나는데 주인 부부 말다툼 소리가 들려.

술 좀 그만 먹으라는 아내 말에 남편이 버럭 소리를 지르네.

"내가 술을 먹든 똥을 먹든 상관 마!"

구경꾼들 웅성웅성 모여들고, 조신선도 걸음을 늦춰.

조신선 품에서 장끼전을 꺼내 들고 말해.
"쯧쯧. 도자전 주인이 장끼전을 못 본 모양입니다.
아내 말 귓등으로 흘려듣던 못난 장끼 얘기 말입니다요."
구경하던 아씨 하나 장끼전을 달라 하네.
책값 받아 소매에 던져 넣고 조신선은 또 달려가.

"조신선, 조금만 쉬었다 가자."
"괭아, 너도 책 사려고? 아니거든 나더러 멈추라 하지 마."
운종가 끄트머리 주막집이 보여.
"조신선, 밥이나 먹고 가자."
"괭아, 오는 길에 밥 사 주마. 꼬마 도련님 기다릴라, 어여 가자."
조신선은 쌩쌩 달려가.

임금님 사시는 대궐 담이 보여.
"조신선, 임금님껜 책 안 팔아?"
"꽹아, 임금님께는 책보다 나은 선비님들 보내 드리련다."
"책보다 나은 선비가 무어야?"
"내게 산 책을 읽고 자란 선비님들 중에, 총명하고 어진 분들 말이야.
임금님의 눈이 되고, 귀가 되고, 말벗이 될 분들이지."
조신선은 계속 달려가.

명륜동 자락 기와집들 많기도 많아.
조신선은 꼬마 도련님 댁 솟을대문을 잘도 찾아.
"이보오, 문을 여시오. 조신선이 왔소이다!"
하인이 문을 열기 무섭게 조신선은 사랑채로 뛰어가.
안방마님도 와 있네.
대감마님은 혀를 차고, 꼬마 도련님은 울고불고 난리야.
"천자문 싫어요. 서당 안 가요. 동무들이랑 놀래요."

대감마님 얼굴이 붉으락푸르락, 안방마님은 안절부절.
보다 못해 내가 나섰어.
"이야옹!"
꼬마 도련님은 울음을 뚝 그치고 나를 끌어안아.
"어! 괭이다. 천자문 싫어요. 괭이랑 놀래요."
대감마님은 기어이 회초리를 찾아.
"거기 누구 없느냐? 싸리나무가지 하나 꺾어 오너라!"

"도련님! 여길 보십시오."

조신선이 소매에서 천자문을 꺼내더니 책상 한쪽에 놓아.

그다음엔 품에서 역사책을 꺼내고 또 꺼내어 다른 쪽에 쌓아.

어느덧 책무더기가 꼬마 도련님 키를 넘겨.

조신선 옷자락이 신기해서, 꼬마 도련님 입이 떡 벌어지네.

"도련님, 천자문은 한 권짜리 책입니다요.
그리고 이 역사책은 수십 권짜립니다요.
오늘 도련님께 두 가지 중 하나만 드리려는데, 무엇이 좋을까요?"
꼬마 도련님은 눈알을 뙤록뙤록.
"요거. 요 천자문 딱 한 권만."
그제야 안방마님 대감마님 마주 보고 웃네.

조신선은 수십 권 책을 품 안에 착착 넣어.
책값 받아들고 도련님 댁을 나서는데
뒤에서 부르는 소리가 들려.
"조신선, 우리 집에 또 놀러 와!"
꼬마 도련님이 손을 흔들어.
"천자문 다 읽으시면 또 오겠습니다요."
조신선은 손을 흔들어 주고는 또 달려가.

운종가 주막집 돼지국밥 냄새 구수하기도 하지.
"괭아, 배고팠지? 많이 먹어라."
국밥은 내게 밀어주고 조신선은 막걸리만 마셔.
"조신선은 왜 밥 안 먹어?"
"배가 너무 부르면 뛰기가 사나워서 그런다."
나는 고깃점을 씹다 말고 조신선 다리를 주물러.
"조신선, 쌩쌩 달리느라 다리 아팠지?"

주막집 나서자마자 조신선은 또 내달려.
운종가 가로질러, 지전 앞을 지나다 선비 둘과 부딪치고 말아.
"어이쿠, 미안합니다."
조신선 꾸벅 인사하고 또 달리는데,
선비 하나가 조신선을 불러 세워.
옥색 두루마기에 안경을 쓴 선비야.
"그대가 붉은 수염 조신선인가?"
"그렇습니다요. 한양 땅 책은 모조리 꿰고 있는 조신선입니다요."

안경 쓴 선비가 말해.

"그대가 품에 지니고 있는 책들 다 살 터이니, 내놓아 보게."

"네, 그럽지요. 요즘 가장 잘 팔리는 책들입니다요."

조신선 씩 웃고는, 지전 진열대에 책을 꺼내 놓아.

이야기책, 역사책, 우리나라 책, 중국 책 쌓고 또 쌓아.

선비들 감탄하며 웃네 그래.

"한양 사람 모두가 조 서쾌 덕에 책을 읽는다지?"
안경 쓴 선비가 물어.
"그렇습죠. 책 산다는 사람이 있으면 어디든 달려갑니다요."
안경 쓴 선비는 가만가만 고개를 끄덕여.
"고맙네. 앞으로도 이 땅의 백성들에게 책을 전해 주게나.
그리하면 우리 조선도 조 서쾌 발걸음처럼 얼른얼른 나아갈 것이네."
조신선은 책값 두둑이 챙기고 또 뛰어가.

"조신선, 한양 땅에 조신선이 모르는 선비님도 있어?"
"그러게 말이다. 책을 많이 읽으신 분 같은데……."
수표교 건너다 말고 조신선 우뚝 멈춰.
"이 보잘것없는 서쾌를 붙잡고도 백성을 걱정하는 분.
책이 좋아 밤낮 읽으시다 눈을 버려, 안경을 쓰신다는 분.
괭아, 내가 잠행 나온 임금님을 뵈었구나."
조신선은 대궐 쪽을 향해 넙죽 절해.
그러고는 다시 쌩쌩 달려가.

1. 서쾌 조신선이 궁금해

조신선이 누구야?

조신선은 옛날, 조선시대에 살았던 책장수야.

옛날에는 책이 아주 귀했기 때문에, 서점에 가도 우리가 보고 싶은 책을 못 구할 때가 많았어. 다 팔리고 없거나, 더 이상 만들어내지 않거나 하면, 돈이 있어도 책을 살 수가 없으니까.

짜잔! 그럴 때 우릴 도와줄 사람이 바로 책장수야. 책장수는 책이 필요한 사람들의 주문을 미리 받아두었다가 어떻게든 책을 구해 주었거든. 서점을 돌아다니기도 하고, 책을 팔겠다는 사람들에게서 사들이기도 했지. 한마디로 책장수는 '걸어다니는 서점'이야.

옛날 사람들은 이런 책장수를 '서쾌'라 불렀어. 조신선은 서쾌들 중에서 가장 이름난 서쾌야. 조신선은 책이 필요한 사람이 있으면 신분을 가리지 않고 누구에게든 달려갔거든. 그래서 벼슬아치, 동네 노인들, 아씨들, 어린이들, 노비들까지 누구나 조신선에게서 책을 구해다 읽었어.

조신선은 왜 만날 쌩쌩 달려가?

다른 서쾌들보다 한 권이라도 더 사들이고, 한 권이라도 더 팔려는 거야. 다른 서쾌들이 '걸어다니는 서점'이라면 조신선은 '뛰어다니는 서점'이었거든. 조수삼이라는 문장가의 이야기 한번 들어볼래?

"조신선은 저잣거리로 달려갔고, 골목길로 달려갔고, 서당으로 달려갔고, 관아로 달려갔다."

그렇고말고, 뛰어다니지 않으면 조신선이 아니지.

조신선은 정말 수염이 붉어?

수염을 붉게 물들였는지, 원래 수염 빛이 그런지는 아무도 몰라. 조신선이 아무한테도 얘기해 주지 않았거든. 하지만 그 붉은 수염 덕분에 사람들은 조신선을 한 번 봤다 하면 절대 잊지 않았지. 붉은 수염을 휘날리면서 하루 종일 쌩쌩 달려가는 책장수는 흔치 않으니까.

조신선은 몇 살이야?

흥! 그러고 보니까, 조신선은 왜 이리 비밀이 많은 거야? 자기 나이가 몇 살인지 정확히 밝힌 적이 없다니까. 사람들이 '조신선, 올해 나이가 몇인가?' 하고 물으면 늘 이렇게 답하거든.

"서른다섯이오."

그런데 말이야, 십 년 있다가 또 물어보면 또 똑같이 대답하는 거야.

"아직도 서른다섯이오."

그러니 진짜 나이를 어떻게 알겠어? 우리가 아는 건 조신선이 영조임금, 정조임금, 순조임금 시대에 걸쳐 활약했다는 거야. 정말 신기한 책장수라니까.

2. 이야기가 궁금해

조신선이 뛰어다닌 동네는 어디야?

조신선이 건너갔던 수표교는 청계천을 가로지르는 돌다리야. 운종가는 오늘날의 종로거리야. 그러니까 조신선은 청계천을 건너 종로 쪽으로 달려갔던 거야. 그다음엔 임금님 계신 대궐 앞을 지나갔지. 그때 임금님이 사셨던 궁궐은 창덕궁이야. 또 꼬마 도련님이 사는 명륜동은 대궐 북쪽에 있는 마을이야. 오늘날에도 동네 이름은 명륜동이야.

뭐라고? 조신선처럼 청계천 지나, 종로 거쳐, 창덕궁 앞을 지나 명륜동까지 달려 볼 참이라고?

얘들아, 그냥 엄마랑 같이 버스를 타렴.

그 많은 책이 어떻게 옷에 다 들어가?

그래서 다들 눈앞에서 보고도 믿기지 않는다고 말했지. 한두 권도 아니고 수십 권의 책이 옷에 들어 있으리라고 누가 상상이나 했겠어? 다른 서쾌들은 보자기에 책을 싸서 들고 다니는데 말이야. 하지만 그래서 조신선이 더 인기가 있었는지도 몰라.

소맷자락에서 겨드랑이에서, 가슴팍에서, 배에서, 허리춤에서, 바짓가랑이에서, 엉덩이 쪽에서 끝없이 책을 꺼내는 조신선을 상상해 보렴. 정말 신기한 책장수라니까.

조신선이 쌓고 또 쌓던 역사책이 뭐야?

조신선은 『자치통감강목』이라는 역사책을 늘 가지고 다녔어. 『자치통감강목』은 80권에서 100권에 이르는 전집인데, 그 시대 선비들 사이에선 '꼭 읽고 공부해야 할 역사책'으로 꼽혔지. 조신선도 그걸 알고는 『자치통감강목』을 늘 지니고 다녔던 거야. 어딜 가든 이 책을 찾는 선비는 꼭 있기 마련이니까.

오늘 조신선이 만난 임금님이 누구야?

조선의 스물두 번째 임금이신 정조 대왕님이야. 정조 대왕님은 책벌레로 아주 유명하시지. 규장각이라는 왕실 도서관을 만들어, 책을 좋아하는 선비들을 가까이 두셨지. 규장각에서 일한 선비들 중에는 신분이 낮은 선비들도 있었어. 정조 대왕님은 사람의 신분을 따지기보다 그 사람의 학문이 뛰어난지, 나라를 사랑하는지를 보셨거든.

조선에서 책을 가장 많이 사고 판 서쾌와, 책을 가장 좋아하는 임금님이 만났다면 어땠을까? 아마 책 이야기로 몇 날 밤을 지새우고도 남았을 거야.

작가의 말

아주 특별한 마법 수프 만드는 방법

안녕, 친구들.
나는 똥가루가루 마을에 사는 엉터리터리 마녀야.
오늘은 심술쟁이 엄마들을 고양이로 만들어버리는 마법 수프를 만들 거야.
혹시 엄마한테 "텔레비전 끄고 공부 좀 해!"라는 잔소리 들은 사람?
또 "너 공부 안 하면 장난감 다 갖다버린다!"는 협박을 받은 사람?
그래, 바로 너희. 이 약은 너희에게 꼭 필요한 마법 수프야.
우리 함께 마법 수프를 만들어서, 엄마들을 고양이로 만들어버리자고.

먼저 커다란 솥에 물을 팔팔 끓인 다음, 두꺼비 눈곱, 구렁이 허물,
천 년 묵은 여우의 천 년 묵은 코딱지, 스컹크 꼬리털을 넣고 휘휘 저어.
그다음엔 쪽지에다 네가 이루고 싶은 꿈을 적어. 글자 좀 틀려도 괜찮아.
줄 긋고 다시 쓰면 되니까. 요렇게 말이야.

내 꿈은 똥가루가루 마을에서 ~~쌤쟝~~ 가장 훌륭한 마녀가 되는 거시다 것이다.

쪽지를 솥에다 넣고 또 휘휘 저어. 그런 다음 수프를 식혀 놔.

이제 마지막으로 양념 하나만 넣으면 끝나.

이 양념의 이름은 '노력'이야.

백 일 동안 날마다 책을 세 권씩 읽어야 하는데, 대신 하루도 거르면 안 돼.

목감기에 걸렸을 땐 어른들한테 읽어 달라고 해도 좋아.

백 일 독서가 끝나면 전에 만들어 두었던 수프를 다시 데워.

수프가 팔팔 끓으면, 솥을 노려보며 네가 가장 좋아하는 책 제목을 외치렴.

예를 들면 요렇게.

"아기돼지 삼겹살 3인분! 아니 아니 아기돼지 3형제!"

이제 다 됐어. 마법 수프를 엄마랑 너랑 반반씩 나눠 마시기만 하면 돼.

후루룩 다 마셔야 해. 어때?

그런데 엄마가 고양이로 변하지 않는다고?

이상하다……. 마법 수프 요리책을 찾아볼게. 아니, 이런! 어쩌면 좋아?

이건 '엄마를 조신선으로 만들고, 내 꿈을 이루는 수프'였어.

정말 미안해. 고양이 마법 수프 요리법은 다음에 가르쳐 줄게.

대신 네 꿈을 꼭 이루렴. 그리고 읽고 싶은 책이 있으면 엄마한테 부탁해.

엄마가 도서관으로 쌩쌩 달려가서 구해다 줄 테니까.